怪咖老師的神祕時間

徐國能／著
葉長青／插畫

目錄

第一章

我討厭你們——馬和聰明蟲的故事

1

「我—討—厭—你—們——」

說出這句話，我的心裡忽然舒暢了許多。

對，沒錯，一定是這樣子，中學七年級才開學第二個星期我就完全受不了了，我有點想哭，但我告訴自己千萬

不能讓眼淚流出來，忍住忍住忍住——想點別的事吧，我想起剛剛結束的暑假，法國南部比亞里茲海灘其實一點都不好玩，只有藍色的大海和亮到嚇人的廣闊天空，熱熱的風吹在臉上都是沙子，眞無聊。一個人沿著沙灘走了好遠，浪潮推著白色的鑲邊，一波一波湧到我的腳前，我不知道我們來這要幹嘛。

我不想理會已經變成遠處兩個小黑點的爸媽，他們就是一直吵一直吵，從爲什麼要喝一杯二十歐元的果汁，到是誰把手機忘記在旅館，什麼都能吵。倘若忽然停下來，

就會立刻針對我，「喂，你帶來的數學講義有寫嗎？」、「喂，不是叫你把遊戲刪了嗎？你怎麼還在玩？喂、喂、喂……」

「不要喂了，」我大喊：「我叫袁志鵬！」

「好，袁志鵬，我要你每天背十個英文單字才能玩手機，你昨天背了嗎？」

兩個老外伏在衝浪板上滑進海水，然後在浪高處卻站了起來，隨著浪又跌入海中，我也想像他們一樣，讓海將我淹沒。

「袁志鵬，你開學到今天總共被記了六次遲到。」

「袁志鵬，你昨天的考卷爲什麼家長沒簽名?錯的要罰抄三遍，你的訂正在哪裡？」

「袁志鵬，剛剛體育老師說他在講籃球規則，你就偷拿旁邊的球去投籃，要你收球你還故意把球亂丟，有沒有？」

我本來想逃離這個地方——「華葳雙語國際學校」，

但圍牆太高了，我被送到這裡——「輔導室」，別擔心，我的經驗可多啦，小學六年有一半的時光都在輔導室度過，我知道他們是怕我一直發問，或忽然站起來走出教室，其實我只是想看看剛剛停在教室窗邊，那隻翅膀透明的蟬飛去哪裡而已。

他們就讓我在這裡填填問卷啊、畫畫圖啊、做做手工啊、吃吃餅乾啊、幫輔導老師剪紙布置什麼活動的會場啊。其實我滿喜歡這裡，因爲很少人會強迫我幹嘛。

「你是志鵬嗎？」輔導老師終於來了，他們都好像跟你很熟一樣，「志鵬志鵬」叫得很親熱，但實際上他們會在那些表格上寫什麼呢？

不過我知道，我要跟她打好關係以後才有好日子，這我最有經驗了。首先你要裝無辜，我柔順的點點頭，「喔，你們老師說你每天遲到、不交作業，還有上課不守秩序，眞的嗎？」

聽到這，我的火就上來了，這不是明知故問嗎？是想讓我難堪吧？接下來一定是拿一些問卷出來，然後判斷：

「嗯，袁志鵬自我主觀意志太過強烈，對既有社會規範難以適應，同時有反抗權威的傾向，具早期邊緣人格的特質……」其實我都上網查過，大人就是憑這些來認定誰是問題人物，誰以後會去殺人放火！

「都是眞的！」我怒起來：「我還有對導師罵髒話、沒去做規定要做的公服，還有穿自己外套沒穿制服，不把手機交給導師，上課戴耳機聽音樂……怎麼樣，你要問我爲什麼嗎？我告訴你，那是因爲：我—討—厭—你—們。」

輔導老師好像受到驚嚇，糟，我應該跟她打好關係的。

她一言不發，隔著桌子望向我，對了，你們知道嗎，網路上說輔導室的桌子都很寬，免得我從這邊一拳K到老師。

不過這個老師挺怪，她盯著我，似笑非笑，眼神中還充滿讚許，不要問我爲什麼知道，我小學五年級獲得全市作文比賽第一名時，我們校長也是這種眼神。她盯著我，我也盯著她，但她跟所有學校的老師都太像了，中長髮、圓臉，和我媽一樣有點中年疲憊的神情。

忽然鐘聲響起，我看了一下牆上的鐘，十點整，正好第二節下課，她忽然笑了起來，開心的說：「你眞是一個

好孩子，你等我一下，」她站起來對我說：「我去處理一些事，等一下我再來跟你聊聊。」

你看，別人的事永遠比我更重要！

2

這間輔導室其實不錯，冷氣夠涼，燈光剛好，搞得人昏昏欲睡。一切都很柔和，米黃窗簾，綠色植物，沿著牆是一大排書，《教育與輔導原理》、《認知心理學》……好深奧啊！《變態心理學》、《被討厭的勇氣》？啊，這個應該很適合我。

大鐵櫃裡一定放著我的黑資料，我很想趁現在沒人，

去找出我的紀錄永遠銷毀它。中央區是我坐的大桌，我覺得好累，就移到另一邊沙發區打算小睡一下，駝色的桌椅乾淨柔軟，茶几上還擺個綠意盎然的魚缸，幾尾日光燈小魚在水草間閒晃，多好啊，我也想當一條輔導室裡的魚。魚缸旁邊還布置了一個小小的動物園，有兔子、狗、馬和貛，就是書店裡賣的那種橡膠動物，我從小蒐集了一大盒都是恐龍。

老師還沒來，但我感到不太對勁，那些塑膠兔子的耳朵好像在動，我保證剛看到那條狗很快的伸出舌頭舔了一

下嘴巴，那隻玀還原地繞了一圈……不會吧，靈異事件？還是我媽給我吃了什麼藥？不要鬧了，我還是趕快離開這間鬧鬼的輔導室好了。但我發現，我居然已經坐在那匹馬上，天啊，我雖然小學時有去美國YMCA上過兩星期的馬術（我媽說那是貴族課程，很難報到名，但我根本只想去籃球營啊！），但這匹馬何時有鞍又有韁繩？

「我們要去哪裡呢？」

「我們要去找聰明蟲！」馬說。

牠長腿一蹬，我們就跳出輔導室，外面是九月的陽光，

我回頭一看，我們班的教室雖是下課時間，但導師好像不准大家下課，還在凶巴巴的罵人哩！

馬背十分平穩，街上像往常一樣忙碌。轉過街角，又穿過三條馬路和公園，眼前不是我最熟悉的「弘愛雙語國際小學」

嗎？馬輕鬆的跳過圍牆，踱到教室窗邊，「你看，那是你啊！」馬說。

可不是嗎，這裡是弘愛小學附幼，班級是白兔班，傻到不行的我穿著那套背上畫了獅子王的短T短褲，正配合左左右右的歌，隨著台上孟孟老師的動作跳著不知名的怪舞。太好笑啦，這大概是第一天上幼兒園吧？哈哈，現在要我跳這個舞除非給我三千塊，不，給我三千我也不跳。

「你看！」馬用鼻子指了指旁邊。

天啊，那不是我媽嗎？她怎麼沒去上班，銀行不是每

天都在開會什麼的。她穿著高級套裝和我們一樣站在窗邊，專心的看我跳那個羞死人的舞，喔，她笑了，她哭了，拿著小手帕擦眼淚，這是爲什麼？

馬慢慢往前走，二年三班，我正在畫「森林的宴會」，眞是醜！我那時在想什麼？兔子和獅子一起野餐吃紅蘿蔔蛋糕，哈哈，兔子應該就是獅子的午餐吧？不過老師一直說我畫得好，其實我眞的很愛畫畫，但我爸知道後就送我去什麼「前衛視覺藝術」學畫，學什麼創意啊、構圖啊、調色啊，老師規定很多哩，一定要按著他的方式走，沒錯，

我三年級就全校第一名了，但那又怎樣，根本不是我想畫的，我不爽，後來就沒學了，只聽到我爸罵了一聲：「廢物。」

然後是四年級的音樂教室，天啊，我居然在全班前面拉小提琴，是〈莫札特第三號小提琴協奏曲〉，速度太慢了，錯了好多音啊！自幼兒園起，我媽就送我去拉琴，她認爲男生要會拉小提琴才「有氣質」。說眞的我也不排斥啦，我的心和音樂常有一種奇異的結合，我在音樂中經常忘了人在何方。然後老師幫我報名各種比賽，穿上醜死人

的小號西裝、黑皮鞋，爲了得獎，每天反反覆覆接受老師的指責，這不對那不對，我想自由的表演，那可不行，老師會暴跳起來，說那樣不會得獎，然後說他指導過誰誰誰現在已經在美國，但關我屁事呢？我對音樂慢慢有一種恨，恨什麼？我也不知道。

但我注意到我的同學，坐在後面的王子亮，綽號王子，他會是我最好的朋友，同班六年，放學一起回家，假日還和我一起學琴，一起打球玩電動，但他從來沒贏過我。我在前面拉得賣力（畢竟我才剛剛得到貝多芬音樂大賽亞太

區第三名嘛！）他卻趴在桌上一臉不屑。我想起來了，某天起他不再理我，也換了小提琴老師，後來還在網路搞了一個黑特版：「衝康烏鵬」，揪了一群人每天黑我，我

媽還鬧到校長那邊去。

馬馱著我去六年二班的教室外，我看到自己坐在最偏僻的角落，老師在台上上國語課，興高采烈，但我連課本都沒拿出來，無所事事的趴在桌上。全班也沒人理我，喔，不，當老師講到「害群之馬」時忽然望向我，全班哄堂大笑也一起回頭望向我，我假裝不知道繼續睡覺，但我感覺到，其中有一雙眼睛，眼神和別人不同，那是一個坐輪椅的女生，周育琪，她的眼神中好像有某種不忍。畢業前，我在學校對面的文具店買了卡片，本來要寫給她，但實在

不知寫什麼，就一直放著。沒想到畢業那天她主動找我照相，還送我卡片，裡面寫：「珍重再見」，我一直都留著。

「爲什麼會這樣？」我問馬。

3

「那是因爲你長大了。」

說話的是教室外的樹上，一隻詭異的蟲。牠像一隻放大幾百倍的毛蟲，身體有點透明，臉上卻有著煩惱的表情。

「你就是聰明蟲嗎？」我問，「你很像《愛麗絲夢遊仙境》裡面那一條蟲啊。」

「喔，這個，聰明嗎？怎麼說呢……」看牠支支吾吾

的樣子，我想是聰明不到哪裡去，牠說：「我原本叫笨笨蟲啊！」

「哈哈，笨笨蟲，不會吧，世界上哪有這種蟲？」我可是看過世界昆蟲圖鑑的人啊！

「我啊，唉，」牠愁眉苦臉的說：「本來笨得很，住在很深的地下，就像蚯蚓啊，同學，沒有眼睛耳朵鼻子嘴巴啦，你說笨不笨？」

「不可能啦，你沒有嘴巴，」我問：「那你怎麼吃東西？蚯蚓其實是有嘴巴的！」

「啊，是嗎？」聰明蟲說：「我本來怎麼吃東西，我也不知道。我每天就是昏昏沉沉睡在地底，我不去管別人，別人也不來管我，那是我最好的日子！」

「你這點倒是跟我很像，」我說：「可惜現在要來煩我的人太多了。不過你這樣睡在地底，也很無聊吧？」

「不會喔，」聰明蟲說：「我知道地底開始輕輕搖晃，那就是春天來了，樹都在長高嘛，然後有一種溫溫的感覺，那是夏天的陽光；有時有孩子在地上跳躍的震動，多好啊，我好像接收到他們的快樂。接著是漫長的寧靜，我

知道那是冬天，我做了好多夢，然後等待春天再次將我喚醒。」

「聽你這麼說，感覺是不錯，」我說：「但既然地底那麼好，你沒事爬出來幹嘛？」

「是啊，有一天，居然有人找到我，這個人是個大善人，」聰明蟲說：「他看我一團糟，就很好心的想幫助我，他每天在我臉上挖一個洞，讓我慢慢能看到、聽到、聞到、吃到，七天後，大功告成，嘿！我就由笨笨蟲，變成聰明蟲啦！」

「可是說眞的，聰明蟲，」我問牠：「你喜歡這個樣子嗎？」

「同學，你不是跟我一樣嗎？」聰明蟲說：「你看你在白兔班時多快樂，後來什麼都知道了，你知道怎麼畫畫可以得獎，怎麼拉琴可以受到歡迎，還有作文比賽……你知道了以後，不是反而不開心了嗎？」

「就是這樣！」我開始對聰明蟲刮目相看，牠眞的很聰明：「早知如此，我寧可什麼都不知道。好，那你告訴我，我要怎麼變回原來的樣子？」

聰明蟲打了一個大呵欠，看了看天空：「快中午了，我要去找東西吃了，同學，你以爲我不想變回笨笨蟲嗎？你看，有嘴巴多麻煩，一直要吃東西，還要講話。」說完，牠就慢慢爬進樹叢中，消失在陽光下。

看我悵然若失，馬說：「走，帶你去大湖邊，看看我的家人。」

馬往前一躍，飛快的奔馳起來，四周景物瞬間模糊，當牠停下來時，我們已經站在曠野的小丘陵上，四周是無

邊的草原，遠方有一片碧藍的湖水。湖水旁，許多馬悠閒的在吃草、漫步和玩耍。

「你看，牠們都是我的家人。」馬說。

「我們過去，和牠們打個招呼吧！」

「不，不，」馬驚慌的說：「我們不能過去。」

「爲什麼？」

「我本來跟牠們一樣，是湖邊快樂的野馬，」馬說：「有一天，有一個人找到了我，他是個大善人，他說我是一匹好馬，不能只在湖邊當野馬。」

我已經知道故事的答案：「所以他就幫你裝上馬鞍，套上轡繩，訓練你當一匹讓人操控的馬？對不對！」

馬默默的點點頭。

這個人太壞了，我跳下馬背，試著幫馬卸去牠的鞍轡，但馬卻往後退了一步，對我搖搖頭。

「爲什麼？」我問：「你不想回到你的家人身邊，回到美麗的大草原嗎？」

「我想，」馬說：「但我必須留下來。」

「留下來幹嘛？」我大喊：「這些人都壞透了。」

「我想留下來陪你。」馬說。

「爲什麼要陪我？」

「因爲你很孤單。」

我抱住馬的脖子，感到牠陣陣溫暖的呼吸。

「你回去吧，」我說：「我有你這句話就不孤單了。」

我拆掉那些羈絆馬的討厭的東西，這些我在美國夏令營都學過。

我對馬說：「你回去吧，我會想你的。當我又被他們搞得很煩時，想到你在湖邊的自由和快樂，我就不會覺得

很煩了。」

牠用熱熱的鼻子擦掉我忍不住流下的淚水：「不要難過，明白一些事，忘記一些事，重新發自己真正想要的是什麼，那就是成長，我們會再見面的。」

我望著牠慢慢跑向湖水，湖邊所有的馬都聚攏在一起，好像在歡迎牠回家。

4

「喂，同學，你是誰，不要在這裡睡覺！」一個粗魯的男人把我叫醒。

「你是誰？」

「我是誰？我是輔導老師張進達，你是哪一班的，在這邊幹嘛？」

「輔導老師不是一個女的嗎？」

「你在開玩笑吧，我們學校輔導室就我一個人啊，累死了，要處理你們那麼多問題，還要整理那麼多你們的資料。」

「喔，那我可以走了嗎？」鐘聲響起，我看了一下牆上的鐘，十點十分，沒想到才過了十分鐘，「我要回去上課了。」

「這裡很歡迎你來，但下次進來前要先跟我報告啊，」張進達老師說：「不要偷跑進來吹冷氣睡覺啦！」

「謝謝老師。」我向張老師鞠了個躬。

彎腰時，我忽然發現，魚缸旁的小動物，兔子還在、狗還在、貛還在，但是馬不見了，我知道，牠已經回到湖邊，變回一匹自由的野馬了。

第二章

不要再問我了——

笨樹和傻瓜的故事

1

「我們以熱烈的掌聲謝謝洪偉翰爸爸的分享，」導師笑瞇瞇的說：「洪爸爸是台灣有名的律師，今天他的分享可以讓我們知道法律的重要，同學也要好好念書，以後和偉翰爸爸一樣伸張正義喔！」

我就知道，在什麼「名人職涯講座」結束後，照例是寫一張學習單，最後一定有一題「我的未來志向與生涯規

畫」，我偷看了旁邊顏薏心寫的：「我想要在三十歲前存到人生的第一桶金，開一家餐廳或咖啡店，那麼現在就要有所準備……」哈哈，我忍不住笑出來，顏薏心上家政課連煎蛋都不會，當然，她也狠狠用數學講義K在我頭上。

於是我就開始亂編：「如果你要在三十歲前種出世界上最大的西瓜，那麼現在就要有所準備，首先你要有一塊夠大的地，不然你的瓜半徑超過五十公尺，長到別人家的地上可能會有產權爭議，到時候連洪偉翰他爸都幫不了你……」

其實我也不是亂編，說眞的，每個禮拜我最喜歡「田園生活」這節課，就是每週三早上，到學校後面「華葳示範農場」去種東西，一人有一個保麗龍箱，有人種小白菜，有人種番茄，其實大家都亂種，全班的箱子幾乎都是我在管，我喜歡植物勝過動物，因爲它們很安靜。

「田園生活」課是一位退休老師方立群在負責，我跟他最要好，他沒事就在那，戴個斗笠，脖子上圍一條毛巾，將示範農場搞得像眞正的田園，有瓜棚、有花圃，還有小小的溫室，我不去輔導室的時候常來這邊混，方老師的好

處是他不問你任何問題，壞處是你問他什麼，他都只是笑笑不回答。

上週段考完，那幾個每一科都滿分的人，在那邊說高中要去讀什麼資優班、科學班、國際班，現在就要報名補習。我媽也問過我以後要幹嘛，我說我要跟方老師一樣當農夫，種絲瓜、茄子和蝦夷蔥，全是有機的。我爸聽了說：「沒出息！」我媽則諷刺我爸：「是啦，你會開飛機最有出息。」然後兩人立刻開戰。

你看，他們又愛問，又愛講，他們只是想隨時證明自

己比對方厲害，其實根本沒在關心我。

「同學，就是你，你偷跑來這幹嘛？」上次輔導室那個女老師突然出現，嚇我一大跳。

這週「田園生活」因雨取消，改在教室英聽練習，因爲學校得到情報，說以後英聽比重可能要增加。但我還是晃到示範農場，準備幫方老師抓蟲。沒想到那個女老師居然也在農場。

「老師，你根本不是輔導老師對不對？」我問她：「上

次張進達老師跟我說輔導室只有他一個老師。」

「你聽他亂講，我怎麼不是輔導老師？」她氣沖沖的說：「你的資料我都看過了，我是教育局『溫心專案』特別派到你們學校的，我當然是輔導老師。」

「什麼是『溫心專案』？」

「就是來溫暖你的心啊！」她說：「你可以叫我莊老師。」

「莊老師？那上次你後來怎麼不見了？」

「我才要問你，你後來怎麼不見了？」正不知該如何回答，她又說：「不過沒關係啦，你的問題應該解決了吧？今天正好要請你幫忙。」她一面說，一面帶我穿過絲瓜棚，繞過一片爬滿綠藤的石牆，沒想到示範農場後面還有這些地方，我從來沒來過。再穿過幾叢灌木，前面居然是一大片綠地。

「我們到這來幹嘛？」我問莊老師。

「方老師說你很會種東西，」莊老師說：「這顆種子請你幫忙。」她從口袋掏出一個小塑膠拉鍊袋，裡面有顆長相奇怪的種子。

「這是什麼？」

「你種種看不就知道了。」

2

我拿出這顆像早餐吃的杏仁一樣的種子，深褐色，表面凹凸不平，靠近鼻子聞了聞，有種哈密瓜的清香。我很快開出一片苗圃，挖了一個洞，將種子埋進去，並澆了一點水。莊老師還準備了空白的名牌，我把它插在苗圃旁，拿起麥克筆寫下日期，只是「名稱」要寫什麼呢？

莊老師搖搖頭說她也不知道，只說可能是某種瓜吧，

我就在名稱欄寫上大大兩個字：「傻瓜」。

「傻瓜」兩個字才寫好，地上好像輕輕一震，說也奇怪，泥土中居然立刻鑽出綠芽，冒出片片嫩葉，瓜蔓開始伸長，像葡萄莖一樣向四周蔓延，太神奇了吧，只有《傑克與魔豆》才有這樣的劇情啊！

綠葉很快覆滿苗圃，莊老師說：「我們先休息一下吧！」

我只後悔今天乖乖將手機交給老師保管，不然現在開個直播，保證嚇死大家。

我們一起坐在一棵矮矮壯壯的樹下，這棵樹挺怪的，不到兩層樓高，但樹幹卻出奇雄壯，葉子小小的，枝幹細細彎彎，好像一個胖胖的頭上剛剛燙好濃綠的小卷髮，而且一坐下來，就有種奇怪的味道。

「這棵樹，長得眞是怪。」我說：「看起來又醜又笨。」

「喔，美醜是很主觀的，」莊老師說：「你看起來很美的人，一條魚看了可能覺得既醜且怪；而一隻青蛙眼中的大美蛙，對你來說可能是非常醜的啊！而且這棵樹，一

點也不笨喔。」

「是啊，眞奇怪，不知爲何，我覺得有趣的事，偏偏大家都覺得沒什麼；但我爸媽覺得有趣的，我也覺得超級無聊。老師，你說這棵樹很聰明？」

「嗯，它不是聰明，它是很有智慧！」

「哈哈，老師，只有動物有智慧，植物沒有大腦，哪來的智慧？」

「你信不信，」莊老師說：「這裡以前有三棵樹，第一棵樹超美……」

「你說的以前，是多以前？」

「應該就是日治時期吧！你們學校這邊在日治時期其實是一片山丘，前面都是稻田不是嗎？」

「是嗎？我不知道，」我說：「反正不要是什麼毒氣實驗室或刑場就好！」

「對啊，這裡其實不只三棵樹啦，但有一棵樹，特別好，又高、又直，木頭紋理細膩漂亮還有清香，沒多久就被日本人砍走啦，聽說運回日本做了什麼神社的柱子。」

「那其他的樹呢？」

「還有一些樹啊，矮矮的長不高，也沒什麼用，當時這邊的人啊，想要開一些空地來種甘蔗，就把那些沒用的雜樹都砍光光囉！」

「這棵樹，爲什麼沒被砍呢？」

「哈，你終於發現了，」莊老師很高興的說：「你看，太有用的樹，會被砍去當神社的柱子；太沒用的樹，會被砍光去當柴燒。但你看這棵樹，雖然長得又大又圓，但他的樹幹質地很疏鬆，不能拿來做梁柱或家具，那些樹枝，短短彎彎的，感覺也沒什麼用，葉子苦苦的，果實酸酸的，而且還有一種怪味，你沒聞到嗎？」

「是有種味道，一開始覺得有點臭，」我說：「但現在反而覺得提神醒腦，很舒服呢！」

「是啊，」莊老師說：「大家覺得，要把這麼粗的樹

砍倒也很費事，而且砍了也不能拿來做什麼，不如讓它留在原地，累了，可以在樹下休息，提神醒腦一下，也可以當這裡的地標嘛！」

「所以，它活了幾百年？」

「是啊，這棵笨樹，感覺一點用都沒有，但不僅活得最久，而且造福這個世界也很多，像我們這樣坐在樹下聊天，它就像天然的大傘幫我們遮風避雨，樹上有小鳥、昆蟲，成爲一個自然的生態系，不是非常好嗎？」

「老師，」我問：「我也常覺得自己很沒用，什麼都

做不好。我也是個笨人嗎？」

「那你應該學學這棵樹啊！」

「它是樹，我是人，怎麼學？」

「它啊，可不是刻意要讓自己變得這麼矮胖沒用的，」老師說：「它只是照著自己本性來生長，自然變成這個樣子的。可是你看，它不是又幸福，又偉大嗎？」

「我們班導每天勸我要改過自新，我爸每天說要我痛改前非，去當一個有用的人。其實去神社當柱子也沒什麼不好。不過能在這裡當一棵眞正的樹，感覺好像更快樂。」

「嗯，有的時候，我們喜歡和別人比，但眞正影響自己的，是我們心裡都有一個完美的形象，我們在那個完美形象面前，就會發現自己有很多缺點，」莊老師說：「但你看這棵笨樹，它心中的完美，就是自己本來的樣子，這是它眞正的快樂。」

「老師你知道嗎，上一次我偷聽到我爸跟我媽說，他這輩子最大的失敗，就是袁志鵬很不成材，我聽了心裡滿難過的。」

「也許你爸爸心裡也有一個完美的形象，事業成功、

愛情美滿，小孩會讀書各項成就又很高，讓他安心又有面子。」莊老師說：「有這樣的理想不是壞事，是一種人生動力，但是，你不必爲他的理想負責。」

「不知這棵笨樹的樹爸爸，會不會嫌笨樹不成材？」我感嘆的問老師：「還是會因爲它而感到驕傲？」

「唉呀！」莊老師跳起來：「我們要趕快回去看看我們的瓜了。」

3

地上滿是臉盆大的葉子，在繁茂的葉子中，一顆碩大的瓜伏在隨風搖擺的葉子中間。

田園生活課的方立群老師拿尺量著這顆大瓜：「長十六點八三公尺，寬十二點五五公尺，不簡單啊！」

「老師，這個瓜能吃嗎？」

「它裡面是空的，只有一層殼，」方老師說：「沒有

瓜肉可以吃。」

「那麼大的瓜卻不能吃，那它能幹嘛呢？」

方老師永遠是這樣，笑笑、搖搖頭，不回答任何人的問題。

一陣風吹來，深綠色的葉子開始泛黃捲曲，慢慢枯萎，綠色的「大傻瓜」也慢慢轉爲深褐色，最後黃葉落盡，藤蔓枯萎，不能吃，也不知能幹嘛的「大傻瓜」就這樣傻不隆咚的躺在大地上。我摸了摸它的表面，滑滑的、粗粗的，很像生核桃的外殼，用力敲一敲，也有空空的回音。

我想，沒用的「大傻瓜」，是不是只能讓它永遠躺在這裡腐朽，或是拍一張照片放到網路上，去申請金氏世界紀錄，然後讓遊客來拍照打卡，每人收一百元，要在瓜上簽名的多收一百。或者是找一些科學家來研究它的基因，然後把所有動植物都改造成這麼大，讓人類永遠有吃不完的食物。但想想有一隻二十公尺長的豬向你走來，到時候是牠吃你還是你吃牠？

正在胡思亂想之際，莊老師不知從哪找出一把好長的線鋸，和方立群老師一人一邊，慢慢將大傻瓜剖成上下兩

半，掀起上半部，瓜裡果然空無一物，只有白白的一層膜，但是非常香。

我們三個人從最淺的邊緣一起爬進去，坐在裡面，像坐在一條船裡，非常舒適，可不是嗎？往外一看，我們眞的在一個好大的湖上，半片瓜殼就是一條穩穩的小船，淡淡的藍色湖水一望無際，遠處有一叢一叢蘆葦一樣的植物，幾隻水鳥飛上飛下。

「天啊，這是哪裡？」我問。

「你看！」順著莊老師的手指看過去，前方的岸邊緣

草如茵，許多野馬自在的奔馳、喝水或賴在地上和別的馬一起玩，唯有一匹高大、神駿的褐色馬，站在水邊，向我們這裡凝望。

我知道了。

「喂！我們來看你啦！」我向馬揮手大喊：「你現在快樂嗎？」

馬應該聽到了我的問候，忽然立起來，向晴空發出一聲長嘶，便轉身奔向無垠的草原。

「瓜船」在風裡隨意飄盪，寧靜柔和的世界實在太舒

服啦，還好它是中空的，不然怎麼能當成小船，載我們來到這個美麗的湖邊呢？不知過了多久，「瓜船」慢慢靠向岸邊，我想我們也該上岸啦。

「袁志鵬，這個送給你。」莊老師從瓜船的尾巴摘下一顆種子放在我手裡，就和她之前叫我種下的那顆一模一樣，「你要收好，等你以後有一塊地了，你可以把它種下去喔！」

岸邊就在笨樹下，我們下了船，轉個彎又回到了「華

葳示範農場」，鐘聲遠遠響起，我想教室裡的同學們應該
差不多考完英聽了吧？

4

「袁志鵬，你的學習單是不是還沒交？」國文小老師顏薏心一面收作業，一面問我。

「是啦，是啦，」我說：「拜託你再等我一節課，我馬上就寫好。」

我用立可帶把之前亂寫的都塗掉，眞醜，重新寫我的

學習單：

我的未來志向與生涯規畫

從小，我的父母就不斷問我：「你長大要做什麼？」我總是叫他們「不要再問了」，因為我也不知道自己想幹嘛。

在上了這一次的課程後，我有一個新的體會：世界上太有用的東西，不免被人拿去做成各種造福人類的器物，

例如神社的柱子；這樣它就沒有辦法活在自己真正的快樂裡。但是若是一點用都沒有，也很容易被現實淘汰，一樣沒有辦法讓自己的生命充實美好。

對於未來，我想要打造一個世界，讓疲勞的人，可以在那個世界裡休息；或者

讓煩惱的人，可以在那個世界裡遨遊想像，忘記憂愁。為了實踐這個理想，我現在的規畫就是在心中種下一顆名為「自由」的種子，有一天當它開花結果，也就是那些常常被人恥笑「一無是處」的作品在我心中完成時，我想，那就是夢想來臨的時刻了。

我把學習單交給顏薏心時，她用力吸了吸鼻子：「什麼東西那麼香，你用哪一牌的原子筆啊？這個香味很特別，以前都沒聞過啊？」顏薏心是我們班的文具控，什麼

顏色的筆都有。

「我的原子筆沒香味啦，」我說：「這是自由的香味。」

我將莊老師送我的種子放在鼻子前聞了一下，嗯，有種淡淡的，好像哈密瓜的清香，這讓我想起那匹自由的馬，深藍色的眼睛。

第三章

有關「7」的寫法——

影子的影子和主人的主人

1

我終於發現我跟學校搞不好的原因了。

學校的老師真的很愛分組，偏偏，我就覺得分組特別麻煩，有些人分什麼組就一定要在一起，然後一定不要跟誰同組，真的很彆扭。我是隨便，哪一組要收留我，我就去哪邊，不然我單獨一組也無所謂。

不過平時大家雖然不太鳥我，但分組都很愛找我，我

能寫能畫，還會用電腦，加上配合度超高，不像他們都要去補習，時間最多，所以最後全部的工作都丟到我這來，不過這樣也好，幫大家搞東搞西至少有點事做，不會太無聊。

上一節美術課，班長王侃、國文小老師顏薏心、英文小老師劉婷婷和我分到同一組，本來，我是擠不進來這個資優組的，不過因爲劉婷婷的死黨，又號稱是她無敵閨密的溫凱馨，在網路群組洩漏劉婷婷喜歡隔壁班楊俊宇的事，她們就互相封鎖，不只在網路封鎖喔，在教室裡她們

也不理對方。不過，這種事在班上已經玩過好幾回啦，誰喜歡誰，誰封鎖誰，誰偷了誰的帳密……沒幾天就會又跟沒事一樣。

我們每個人拿到一個材料包，要自己做出模型桌椅和一些家具，然後合力組一個「主題空間」，之後要報告「設計理念」。其實，每一組材料包裡的東西都一樣，最後能做出什麼不一樣的「主題空間」呢？還不就是一個三房兩廳的格局。

整節課大家都沒在做，顏薏心一直在寫國文評量，王

侃黏好一張腳都不一樣長的椅子就一直鬧她，一下拿她筆，一下拿她立可帶，只有劉婷婷還算認眞，做好一個衣櫃，只是門裝反了，打不開也關不起來。一下課，他們就把材料包丟給我，叫我把剩下的完成，下星期負責報告。

爲了報答他們願意和我同組，我決定做一個和大家都不一樣的，我以王侃的椅子、劉婷婷的櫃子爲中心，要做一個完全與現實相反的鬼屋，所有牆壁家具都用墨汁染成黑色，椅子不能坐，衣櫃不能開，歪掉的床上是一隻無頭豬、有七隻腳的餐桌上卻是一顆大豬頭，畫都是掛反的，

時鐘上的數字以亂碼呈現，再用棉花做一些蜘蛛網和骷髏，用紙黏土做一些斷手斷腳，牆下面加軌道，可以移動變換空間感，甚至變成迷宮。最重要的，是在一個倒懸的十字架前，我特別用黏土做了兩個鬼氣森森的山羊和貓頭鷹穿著婚紗禮服，旁邊一個張開血盆大口的蟾蜍在證婚。

我忙了一個禮拜，每天都在構思我的黑色空間，連電動都沒時間打，弄好這些，除了豬頭做得不太像，其他都還不錯，夠酷！爲了增加神祕感，我帶著作品去學校時，還用一張黑布罩著，對全班宣布只有美術老師能親自揭開

黑布，而且揭幕時，教室要關燈，窗簾要拉起來，我要用手機燈光一一介紹這個「空間」，我幫它命爲：「黑暗魔域」。

2

「我看不出我的『黑暗魔域』有什麼問題。」我氣呼呼的對輔導老師張進達說：「這是藝術啊！」

「唉，你別跟我開玩笑了，」輔導老師張進達說：「你的『藝術』，現在變成我的工作，你們美術老師、班導、還有學務主任，要我一定要給你做個什麼測驗來鑑定一下你是不是具有危險性，你到底在想什麼？他們還說要送你

去醫院做精神鑑定！」

「沒有啊！我只是……」

「你不要一直跟我說你沒有，你看別人做的，不是都漂漂亮亮，很正常嘛！你要這樣做，也不是說不行，OK，但你總要告訴大家，你想表達的是什麼？是什麼東西驅動你去做這個，這個，嗯，藝術品？」

「拜託，老師你自己去問，」我說：「那個美術老師一幫我拉開布幕，全班都鼓掌欸，持續一分鐘以上，我們班好久沒這麼high了，『黑暗魔域』是最受歡迎的作品。」

「我知道了，你想透過這些，嗯，這些血腥黑暗的東西，來引起大家的注意，是不是？」張進達說：「沒錯，是有一些長期被忽略的人，總想用比較另類的方式來引起大家的注意，這就是我擔心的，你這次放一顆，這是什麼？豬還是牛的頭？下一次呢？你會不會放一顆人頭，再下一次呢？會不會用真的人頭……袁志鵬，你先說一下，人家幫你歡呼時，你心裡什麼感覺？」

「什麼感覺？很高興啊！我花了一個禮拜的時間弄出來的作品，大家喜歡我當然高興啊，不然呢？」

「你覺得大家爲什麼會喜歡這個東西？」

「我不知道，你要問他們。」

「所以你是要我幫你們全班都做心理輔導，天啊，我的事情還不夠多？」

「對了，」我突然想到：「教育局不是有一個『溫心專案』，有派一位莊老師來支援輔導室？」

「你聽誰說的，那個什麼『溫心專案』，就是要我調查你們的未來升學傾向，然後做出輔導和評估，多塡一大堆表格而已，哪有派什麼人來？」張進達老師哀怨的說：

「所以啊，你、你，唉！這樣吧，你回去把這張表填一下，明天再交給我，我覺得你只是初期。」

「初期什麼？」

「你別多問了，記得明天把表交回來。」

初期精神錯亂、初期邊緣人格、初期反社會、初期亂七八糟、初期怪醫黑傑克……哈哈，一走出輔導室，我就笑了起來，大人總是喜歡在一知半解的情況下幫你找個病，唯恐你太正常。其實我純粹就是想做個和大家不一樣

的東西，好啦，我承認有參考幾個電玩的風格，還有上次在網路上看到一個歐洲重金屬樂團的影片，但誰叫王侃的椅子和劉婷婷的衣櫃做得那麼瞎，我只是用一個創意把它們救回來而已啊！

3

「咚咚！」有人敲著窗戶。

下午三點，全班都去上體育課了，唯獨我留在教室裡，我們班導聽信了美術老師的話，說我不是腦袋有問題，就是想刻意搗亂一下，我想我們導師是相信後者，因此他要罰我不准去打籃球，要我在教室裡抄「每週一文」，順便反省。

「一個深愛音樂的人，必將他的琴弦絞緊，這樣他才能演奏優美高亢的樂曲，甜美的音色來自於絞緊的琴弦，他並非沒有慈愛，不懂寬容，而是他知道，唯有最高的強度，才能讓每一根弦發揮原本的天賦，創造不朽的樂章……」

算了，我還是當鬆弛的弦好了，我一面抄，一面感嘆，我們班導最愛說的，就是「你們以後會感謝我」，還有「三年後我們一起在第一志願會合」。

「咚咚！」是莊老師。

「你怎麼一個人在這裡沒去上體育課？」莊老師已經跑進教室：「我知道了，張進達老師剛剛跟我說了你的事，嗯，你的作品呢？讓我看看？」

「就在教室後面嘛！」我說：「而且莊老師，我和張進達老師確認過，他說『溫心專案』根本沒派人來支援他。」

「你看這是什麼？」她把手中的公文封放到我面前，上面寫著：「溫心專案專用資料袋——華葳雙語國際學校」，「我不定期會在你們這區幾個學校回收資料表，我

是沒有支援你們張老師，那本來就是他的業務嘛！」

「那我就放心了，我本來擔心你是校外不明人士，說不定是變態哩！」

「你的嘴巴很壞喔！」莊老師一面說，一面欣賞我的傑作：「不錯呀！你這個設計和手工滿好的呀，只是那個牛頭不太像。」

「老師，那是豬頭，」我說：「我做的是『黑暗魔域』，大家都覺得不錯啊！我不知道，爲什麼美術老師要那麼怒？」

「你要不要試著變成你們美術老師，」莊老師說：「想一想她爲何不喜歡你這個作品？」

「答案很清楚啊，你看旁邊其他組的，大家都做得差不多，比較像原先材料包會做出來的樣子，他們的主題：『溫馨的家』、『寵物店』、『理想社會住宅』、『行動教室』……都跟我的『黑暗魔域』差太多了，我是用另外的材料做另類主題。」

「所以你覺得，老師不喜歡你太另類？」

「一直都是這樣，你知道嗎，」我說：「小學的時候，

老師教我們數學，硬說我的7，寫得不對，她規定7，前面一定要有一小截向下，我看過我阿公寫數字7，不但沒有向下的那一小截，而且還在那一直上再加一個斜點，我覺得那樣很特別，就學我阿公，他在銀行上班，總不會有錯吧？我們老師就把我有數字7的每一題都打叉扣分。」

「結果呢？」

「結果我爸說我數學太差，就幫我找一個家教補3＋4＝7，哈哈。」

「後來呢？」

「後來我不想浪費那個時間，就把7寫成老師要的樣子，馬上就天下太平了。」我說：「所以你看，我們是不是永遠都只能活在別人的規定裡，如果我就照著材料包隨便做一做，弄一個『快樂大家庭』，大家都很開心，我現在也可以去打

籃球，不用坐在這抄『每週一文』。」

「說到籃球，」莊老師說：「籃球也有很多規則吧？你不會覺得那也是一種限制嗎？」

這可問倒我了，眞的，不能兩次運球，不能打手犯規，踩著三分線投籃，進了也只能算兩分。可是奇怪，每次比賽，我都不覺得哪裡不對，還滿開心的。「怎麼說呢，這個，我想，可能是因爲沒有這些規則，球就沒辦法打了吧，但數字怎麼寫，好像答案都一樣；美術作品要做成什麼，好像也應該是我的自由……」說眞的，我也不是很確定這

麼說對不對。

莊老師笑了笑，仔細盯著我的「黑暗魔域」，這時夕陽已經照進教室，空氣中懸浮著細小的灰塵；我想再過十分鐘，也許就是掃地時間了。

但我忽然看到我的那隻蟾蜍好像動了一下，不，牠沒動，是牠的影子在動。

4

慢慢的，它的影子從平面上站了起來，而且漸漸分成兩層，一層顏色深，一層則比較淡，顏色淡的那一層，用一種結結巴巴的語氣說：「影子主人啊，我是魍魎，是你的影子啊！」

比較深的那一層說：「魍魎啊，你不好好當我的影子，特別跑出來，還把我叫醒，是要幹什麼？」

魍魎說：「主人啊，我好累喔。每一次你站，我就要跟著站；你坐，我就要跟著坐，不但辛苦，而且沒有一點自由。我、我、我，我不想再當你的影子了。」

比較深的那一層哈哈嘿嘿呵呵冷笑起來：「魍魎啊，你眞是傻，其實我也是一個影子啊，我也有我的主人，哪，就是那位蟾蜍先生啊，他站我也要站，他坐我也要坐，我都沒抱怨了，你有什麼好抱怨的？」

魍魎說：「那、那、那你也可以不要當你主人的影子呀！」

這時蟾蜍居然也說話了：「魍魎，你說得輕鬆，你知不知道，我也有我的主人，他用三秒膠把我黏在這張紙板上，唉呦，我也好累啊；但我能說什麼呢？我的主人，也還有他的主人啊，而他的主人，更有另一個主人……大家都是身不由己，也都沒抱怨，魍魎啊，你還是安分點吧！」

它們說話的聲音很輕，但我聽得清清楚楚，原來影子也有影子。

「可是，可是，」魍魎說：「我好希望能做自己，可以走出這個黑漆漆的房間，看看外面的世界。」

「世界都差不多啦，沒什麼好看的，」影子說：「我們就老實的躺回地上，我還是原來的樣子，你呢，還是在我身邊吧？」

「不、不，影子主人，」魍魎說：「今天早上，我聽到一種特別的鳥叫，但我沒有見過任何一隻鳥，突然，我心裡有一個念頭，我想去看看牠，也許就是這個想法，讓我覺得不能再跟隨你，我想知道這個世界，究竟是什麼樣子？」

「眞拿你沒辦法，」影子氣呼呼的說：「反正我是不

會離開我的主人的，你有辦法離開我，你就試試看吧！」

影子主人慢慢躺回地面，成了蟾蜍先生身旁的一塊黑影。

「魍魎啊，你就乖乖的做回原本的樣子，大家都希望能維持這個秩序嘛！」蟾蜍說：「你這樣子搗亂，可沒人會支持你的喔！」

「我、我、我不想……」魍魎結結巴巴的申辯，但也隨著影子躺了下來，慢慢融入影子的黑暗中，成爲影子周圍一圈淡淡的灰色。

「等一下，」我大喊一聲：「魍魎先生，我有辦法幫

你。」

我拿出早上準備的手電筒，又從鉛筆盒裡找出美工刀，打亮光線，影子和魍魎之間，果然有一條很細很模糊的線。我小心的沿著那條線，輕輕將影子和魍魎切開，那層淡淡的灰色脫離了黑影後，變成一個小人的形狀，慢慢站起來，只是走路有點東倒西歪，站得不太穩。

「好了，你自由了。」我說：「趕快去看看你想看的世界吧！」

「你、你、你是誰？」魍魎問。

「我是你主人的主人的主人。」

「謝謝你，希望你主人的主人的主人也對你這麼好。」

它歪歪倒倒的走出我的「黑暗魔域」，笨手笨腳爬到了窗邊，愈接近陽光，它的身影就愈淡，最後，它高舉雙臂，往外一躍，消失在燦爛的夕陽中。

「希望你找到那隻鳥！」

沒有任何聲音回答我。

「好了，你玩夠了吧！」莊老師忽然說話，讓沉醉在一片陽光中的我嚇了一大跳。

「老師，你有看到嗎？」

「看到什麼？」

「魍魎啊？」

「什麼魍魎，我沒看到。」

「怎麼可能？」

「好了，我們來辦正事了，」莊老師拿出手機，啪啪啪的幫我的「黑暗魔域」拍了好幾個角度的照片：「輔導室那張表你給我吧，你不用寫了。」

「眞的？」

「眞的啊！」莊老師說：「我會寫一份你的報告，加上這些照片，做成專案計畫。我們『溫心專案』就是要輔導不同性向的學生，讓他們發揮天賦，找到他們自己的自由。你可以作爲我們的個別案例啊！你們老師跟輔導室那

邊，我來跟他們溝通吧，你下次豬頭要做得像一點！」

「哈，那一定！」

「我覺得你很有勇氣，也很有創意。」莊老師說：「很多人都只想當別人的影子，但你能割捨掉原本的習慣，勇敢去創造自己的世界。失去了那個控制你的主人，一開始難免茫然，但我相信你的心，很快就能找到真正的自由。」

「老師，你確定這樣ＯＫ？不會害我又被罵吧？」我把空白的表格交給她，看她塞進牛皮紙袋中。

「你會害魍魎嗎？」莊老師說：「說不定，我就是你

主人的主人的主人。」

「你不是說你沒看到？」

「看到什麼？」

「魍魎啊！」

「我沒看到，眞的。打鐘了，你趕快去掃地吧！」

我拿著竹掃把到外掃區，那是我們學校的一塊好地方，叫「音樂森林」，因爲正好在音樂教室樓下，常常可以聽到樓上的琴聲和歌聲，雖然也沒幾棵樹。

不過今天沒有人上音樂課。

陽光中，我感到自己也變得透明，樹上有一種奇異的鳥叫，像唱歌，又像說話。我抬頭找了半天，並沒有看到是什麼鳥，據鳥類專家說，世界上多數的鳥，終其一生都離不開牠們的樹林，牠們並不明白自己能飛多遠，有多麼自由。

第四章

林間鳥的煩惱

——如何吃完芒果冰

1

「生日快樂！」爸把一個扁扁的長條盒塞進我的手中，就匆匆閃進房間。

我知道，他剛下班很累，飛行了十幾個小時。他是C航空的機師，常常要飛往國外，今天他應該是從杜拜還是什麼地方回來。他在家，我就得安靜，若我吵到他睡覺，他就會暴跳起來把我痛罵一頓，然後跑去喝酒。從小我媽

都跟我說：「那是因爲時差的關係。」我前幾個月前跟他衝突時，問他爲什麼不去吃「褪黑激素」，他就跟我媽抱怨，「學校到底在教些什麼鬼東西？」

「趕快打開看看是什麼啊？」換我媽跑出來，輕聲細語的說：「你看爸爸去上班，都沒忘記你生日欸。」

打開盒子，喔，是一支S牌的限量手表加限定款表帶。

「我又不缺這個。」我說。

「等一下晚上吃飯，你要謝謝爸爸啊！」媽說：「來，這是我送你的。」

拿到紙袋，不用看我就知道，是一本科學雜誌，我媽都會訂一整年份給我，而這已經是我第三年收到這個大禮了。大概是三四年前她不知在哪讀到一篇文章，有位女作家說送一年份的雜誌給兒子當禮物最好，可以親子共讀，豐富世界。但除了前兩期，我們從來沒有共讀過，去年整年的雜誌都堆在書架上，我一頁都沒翻。

「這一次換訂《國家地理雜誌》給你喔，」媽說：「看看世界也很好，你現在就是要拓展視野。」

我覺得大人眞奇怪，自己從來不看書，每天就是滑手

機；但是卻不准我玩手機，還要弄一大堆書給我看。

晚上我們在「鐵貓」餐廳幫我慶生，那裡最好，各取所需，我爸啤酒一杯接一杯，我媽就吃特製紅藜麥低卡沙拉加雞胸肉水波蛋什麼的，我就是美式水牛城漢堡與薯條，難得他們今天讓我猛灌可樂。

整個下午我都戴著耳機打電動，沒吵到我爸，他大概睡得很好，心情非常高昂，看到我戴著新手表，更是高興：「不錯吧，這可是我透過很多關係才買到的，全球限量兩

百支，這樣你就沒理由遲到了吧？哈哈哈……」

本來我想說我那支舊的又沒壞，根本不用去買這支新的，這個錢不如省下來讓我去買遊戲點數。不過我現在知道，這種話少說爲妙，我想他們都是希望我開心，或是「變得更好」，我又何必讓他們難過呢？

上一次張進達老師跟我說，我們要「換位思考」，站在別人的立場來看待自己，理解別人的出發點，只要不是惡意的，是不是可以多一點「正向」？我最近都常提醒自己要「正向」，只是我常搞不清楚，如果大家的出發點都

是好的，爲什麼結果卻常讓人覺得覺得「負面」，進而造成煩惱呢？

2

「鐵貓」餐廳的大螢幕正在播出NBA球賽，我最支持的勇士隊今天實在不行，三分球怎麼都投不進，反而是那個詹姆士領軍的湖人隊，一直快攻得分，看得我連連搖頭嘆息，三節打完，已經落後二十幾分了。

「那個小個子的庫里今天是怎麼了，命中率這麼低？」我媽說：「平常他不是投籃很準？」

她忽然這麼說眞是嚇了我一大跳，印象中她從來沒看過籃球，應該根本不知道什麼勇士隊的事。

「喔喔，應該是他們隊的另一個射手湯普森受傷沒打，他們防守庫里比較嚴密吧！他還是很準的。」我話才說完，第四節一開始他就來了一個大號三分，眞是賞心悅目，雖然還是差了十七分。

「他們現在西區排第七，」媽說：「不知道能不能打季後賽？金塊、獨行俠、灰熊隊今年打得也不錯啊！」奇怪，難道我媽都趁我不在家時，偷看NBA轉播？連灰熊

隊都知道。

「應該是可以吧，他們整體還是不錯的，只是爭冠軍是比較難啦，湖人、快艇實力還是比較強的。對了，今年爵士隊也打得很好，他們沒什麼明星球員，但團隊戰力眞的夠強。」一說起籃球經，我可是如數家珍，我還製作了一個我心目中的每週強隊排行榜，透過各種數據來分析東西區的前三名，不過我發現客觀的數據是一回事，眞正的輸贏，並不在這些數字中。

「老公，你不要一直滑手機啦，」媽說：「你們組員裡有沒有人在看籃球啊？」

「籃球？」爸說：「好像比較少，看棒球的比較多，還有高爾夫球，他們有些飛美西航班的，都會相約一起打小白球。」

「其實籃球很好看耶，」媽說：「你不是說你以前還是校隊？」

「哈哈，是系隊啦！」爸說：「好多年沒打了，以前是很青春熱血的。你記不記得去年才結婚那個小劉，我們

還去喜來登喝喜酒那個啊，他以前跟我是最佳搭檔，我們默契超好，一個眼神就知道球要傳到哪裡。」

「喔！爸，你會打籃球啊？」

「怎麼不會，我都打二號、三號，最多一場得過快三十分！」

「你有這麼厲害？下次我要找你單挑。」

「對啊，你放假不要一直在家睡覺，」媽說：「你應該陪志鵬去打球運動，不然你看你那個肚子……」我們三個人的眼光同時集中在爸的肚皮上，圓得像一顆皮球，三

人同時哈哈大笑起來。

「來啊，讓你見識一下我艾佛森鬼之切入。」

「誰是艾佛森？」

「你連他都不知道？」

「沒聽過，應該很多年沒打了吧？」

「一代巨星啊，我來估狗一下他的影片。」

「對了，明年暑假，你安排一下嘛，」媽說：「我們可以去舊金山玩，順便看一場現場的NBA呀！」

「那有什麼問題，等一下，你看這個！」爸把他手機放到我面前，非常模糊的影片中，一個小個子把球運來運去，然後自己換手突破上籃，看起來年代久遠，不過還眞是神乎其技。

「明年暑假啊，那現在就要規劃了，可能只能看季後賽！」爸說：「不知道是誰跟誰比賽哩！」

眞沒想到，我們一家居然一起關心起ＮＢＡ了，「我當然是希望勇士對湖人啊，這樣才精采。」我說：「媽，你怎麼忽然看起籃球啊！」

「你喜歡的事，我當然也要關心一下啊，我知道的不

會比你少喔，你知道他們的薪水有多高嗎？我沒想到打球還能賺那麼多錢。」

「他們賺的不只是薪水喔，」爸說：「運動明星什麼代言啊、廣告啊，更是不得了！美國人很會經營這些，暑假我們去現場看就知道了。」我在想，他們是不是也學會了「正向」，看球也能學到很多東西？

「爸，你知道台灣到美國有多遠嗎？」

「如果你到西岸，像舊金山啊，大概一萬四千公里，」爸說：「現在很快，十六小時就到了吧！我們晚上起飛，

隔天你就可以坐在勇士隊的主場啦。」

「哇，那時速快要九百公里，好猛啊！」

「其實飛機都能飛得更快，只是飛太快很耗油，又危險，很多戰鬥機比這種民航機速度快兩三倍呢！它們的單位叫馬赫，跟音速有關，以前NBA有一隊就叫超音速喔……」一講到飛機，我爸總是滔滔不絕。想起小學某次生日，我爸還送過我一本書，好像是一位日本人寫的，專門教你摺各種紙飛機，還附一百張紙飛機專用紙，那是我覺得最棒的禮物。

3

樂極生悲！

爲了重拾我對飛行的熱愛，昨天晚上我又找出那本摺紙飛機的書重看了一遍，可能是看得太入迷，今天數學課發週考的考卷時，忍不住將九十五分的考卷半邊撕下來，趁老師在檢討時，摺成能轉三次8字形的飛機，下課秀給全班看。

沒想到，看過那本書的人原來還不少，大家開始恢復童年記憶，一架一架各種飛行弧度的紙飛機飛滿教室的上空，我想我們需要一個塔台來管理，就在大家正開心的時候，班導「碰！」的一聲推門進來，吼道：「你們都不用考試了是不是？」

所有的紙飛機都被回收了，所有的人證物證都指向我就是那個帶頭的人，除了要撿回所有製造垃圾的紙飛機，罰做一星期的值日生，還要罰抄三遍「每週一文」，這週

的題目是〈園丁〉，作者辛愛：

裴斯塔洛齊說：老師就是一位園丁，每天辛勤的為花草澆水。雖然他看起來對植物的成長沒有真實的貢獻，他不能主導植物如何呼吸，也不能決定植物何時開花何時結果，但是他可以讓植物不受侵害。更重要的是，他付出的關心與愛，難道不是植物成長過程中的關鍵力量嗎？因此學生必須明白老師的苦心，長歪的枝枒需要矯正，貧瘠的土壤需要施肥，病害的部分需要移除，園丁默默工作，一

如偉大的老師，讓學生當下討厭，卻終身感激……

我很想知道，這個裴斯塔洛齊和辛愛老兄到底是誰？我打算用藍筆、綠筆和棕色筆各抄一遍，辛愛老兄如果知道我是世界上唯一將他的大作抄三遍的人，不知會不會終身感激？

就在我抄到棕筆的時候，周育琪傳訊息來，她是我現在唯一有聯絡的小學同學。

我不知道她是天生還是後天，我們同班時她就坐著輪椅，不過我覺得她是我們班最好的一個人，那些我被罰不能下課的時光，在教室能和我鬼扯的人就只有她啦！我們的話題很廣，我唯一受不了的就是她很愛一個叫「防彈少年團」的團體，

一天到晚要開他們影片叫我看，她的夢想就是去韓國看他們的演唱會。有一次我說如果我有槍就要對他們開看看，看他們是不是眞的防彈。結果周育琪三天都不理我，我想我有時太白目了。周育琪後來讀公立的仁正國中，我看她IG每天都在玩和吃美食，但她居然說她班排有到前三。

她傳來她參加英文歌唱比賽的影片，說同學幫她錄的，本來想唱防彈少年的〈Dynamite〉，但老師硬要她唱〈You raise me up〉，不過沒差，她覺得滿開心的，雖然沒得名。我跟她說我正在抄每週一文，還把我抄好的傳給她

看，她說不錯，綠色的顏色很美，我的字也比以前好看很多。

我跟她說我眞是有夠衰，摺個紙飛機也要被罰，她叫我不要難過了，下一次我再表演轉三次8給她看好了，還說我的特技可以簡稱三八，我就叫三八男好了，哈哈，周育琪就是這麼好笑。

抄完罰寫，我把回收來的紙飛機一張一張攤平，準備明天交給班導。

我發現大家的生活也是很苦悶的，各種考卷、講義、筆記摺成的飛機，看了眞是滿令人難過，我想如果每個人都能自由的在天空飛，隨便你要轉幾個8都好，不必變成一張張考卷講義，那該多好。

不過我找了半天，卻找不到我的紙飛機，我想一定有人想偷學我的技術，偷偷把它拿走了，可惡！

4

「這是你的吧？」剛進校門，神出鬼沒的莊老師忽然出現在身邊，拿著我那張撕成一半的九十五分的數學考卷，皺皺的斜線部分是摺成飛機的痕跡。

「上面不是有寫名字嗎？」我說：「老師你在哪裡找到的啊？」

「就在你們教室下面的花圃啊！」莊老師說：「我昨

天經過，在想是誰又在亂丟垃圾，撿起來一看才發現是你的考卷。嗯，不過你的飛機是滿會飛的。」

「只是啊，」莊老師接著說：「我把它拆開以後，就摺不回去了。」

「我有算過，我摺的飛機，最高紀錄，能飛十二秒多，最遠距離快十公尺。」

「這麼厲害？」

「這不算厲害，距離世界紀錄還很遠啊，據說它們可以飛到三十秒，超過五十公尺。」我說：「不過啊，這些

其實都沒什麼。」

「一張紙能在空中飛三十秒，很了不起啊。」

「眞正的飛機，我爸說，可以載幾百人，時速九百公里，台灣到美國連飛十六小時，一萬多公里，那才是眞正的飛吧？……紙飛機這個，太遜了啦。」

我把考卷又摺回飛機，往天空一扔，看它轉了三個8字的優美身影，但它竟然沒有落下來，反而愈飛愈高，「天啊，我要創紀錄了。」我想找出手機錄下畫面，但已化爲一個小黑點的飛機，忽然回頭向我衝來，仔細一看，那竟

然是一隻常見的，黑羽黃嘴的八哥鳥，一個急轉彎，姿態優美的站在離我最近的一根低矮樹枝上，歪著頭瞪我。

「莊老師，你看到了嗎？」轉過頭一看，莊老師竟不知何時已經走了，我身邊一個人也沒有。

「你說，你說，有一種鳥可以飛得又快又遠，是嗎，是嗎？」八哥說起話來，聲音又脆又尖，像唱歌一樣滿好聽的。

「你這隻八哥，爲什麼會說話？」

「爲什麼不會，爲什麼不會？」八哥說：「快跟我說

那種鳥的事？牠是什麼鳥？牠是什麼鳥？」

「那不是一種鳥，是飛機，是飛機啦！」我發現我被八哥傳染，一句話都要說兩遍。

「你說的飛機，很能飛，很能飛是不是？」

「你不懂啦，那不是眞正的鳥，那是人類製造出來的，有引擎、要加油，還要符合物理學的各種原理……你不懂啦。」

「飛有什麼難，飛有什麼難？」八哥忽然振翅，在樹枝間繞了一圈，很快又回到原來的位置：「飛有什麼難，

我怎麼會不懂怎麼飛呢？」

「你能飛到美國嗎？」

「什麼是美國，在哪裡，在哪裡？」

「美國在很遠的地方，」我忽然覺得這隻鳥非常有趣，很想跟牠多聊聊：「飛去美國中間要穿越太平洋，那是很大很大的海，你飛到一半飛不動掉到海裡，那可糟啦。」

「那我爲什麼要去我去不了的地方呢？」八哥說：「我住在學校的樹林裡，每一棵樹我都認識，我可以在它們之間自由的穿梭，經過它們身旁，它們會用樹葉輕輕拍

著我。當我飛翔的時候，陽光曬暖我的翅膀，照亮我的眼睛，我喜歡在春天追逐小蟲，牠們薄而透明的翅膀沾上水氣，飛得既低且慢；我還喜歡夏天在沒關緊的水龍頭底下，喝清涼的水。秋天的時候，我的燕子朋友要飛去南方，我會找一根最美的草葉，當作祝福送給牠，如果有一天我在某個屋簷下的燕巢看到那枝草葉，我就知道我們的感情是始終不渝的。冬天的時候，你們都把窗戶關上，我會在你們屋頂的大機器邊取暖，等待春天的陽光。我是如此的快樂，我爲什麼要去我去不了的地方呢？」

「美國很好玩的，有機會你一定要去看一看。」我說：

「那裡有大峽谷，好壯觀啊，那年我去了，只遺憾自己沒有翅膀，想想你能飛在那麼雄偉的崖壁之間，好像體驗了地球創生時的巨大力量，多麼不一樣。或是看大瀑布，你一輩子也沒看過那麼多的水。即使不去這些地方，那裡有很多公園，古老的橡樹比我們學校這些樹高大多了，當然你也該看看舊金山大橋，海霧瀰漫；或是印第安人的烏鴉節慶，他們的衣服好炫啊，非常有意思的。其實不只美國，世界上很多地方應該都很好玩的，我媽有訂《國家地理雜

誌》，裡面介紹不少各地的特色，你只住在我們學校的樹林裡，哪都沒去過，不是很可惜嗎？」

八哥歪著頭想了一會兒，搖搖頭說：「大峽谷或大瀑布，說不定住著凶猛的獵鷹，橡樹很好，但這幾棵榕樹、小葉欖仁和樟樹也不壞，我擁有這些，就已經很快樂了。如果我一直想要追求更多東西，我不知道自己還能不能這麼開心。」

「可是，你難道不想飛得更高更快嗎？」

「我天生就飛這麼高這麼快，爲什麼還要更高更快

呢？」八哥說：「爲什麼呢？」牠展翅飛起，在空中轉了幾個圈：「我的翅膀，難道該用來創造紀錄嗎？如果我不能創造紀錄，難道我就不是一隻好八哥嗎？一隻好八哥要飛得多高多快呢？我爲什麼要跟飛機比呢……」牠的聲音越來越小，漸漸消失在樹冠後。

5

晚上周育琪又傳來她去吃芒果冰的動態，那麼大一碗，芒果堆得比她臉還大，我問她：「這麼多吃得完嗎？」周育琪說吃不完也沒關係啊，只要吃的當下開心就好，「何況，還有我媽媽、姊姊幫忙一起吃呢！」其實我滿羨慕他們一家的，我爸今天又不知飛到哪去了，而我媽則是一回家就說自己頭痛欲裂，正在休息。

我把今天困擾了一整天的疑問告訴她：「人，究竟要努力追求突破，還是安於現狀就好？」

「你怎麼會有這麼奇怪的問題？」她問。

我無法告訴她今天早上和八哥的對話，只能說：「我覺得現在這樣也很好，但我爸媽、老師，總是一直跟我說應該要更好。」

「我媽說只希望我快樂，」周育琪說：「說真的，除了不能像你一樣可以跑步打籃球，我的確是很快樂，但人總不能十全十美吧！」

「你知道嗎，我上週段考數學九十五，已經破我自己的紀錄了，但他們說我至少應該九十八；可是眞的要再進步，又會把自己搞得很累。」我說：「而且我發現，當你想考九十八，但沒考到九十八，心裡就會有點難過，但如果你把條件設定低一點，例如六十分，只要超過這個成績，多一分就會多快樂一點。」

「你的內心眞複雜，我從來沒去設定什麼目標，反正就是考試嘛，考多少分就多少分。」

「你考試前不會想東想西嗎？擔心自己有些沒讀到

啊，之類的？」

「也不是說沒有，但我覺得去做比一直空想重要，」周育琪說：「我想做什麼，就去試試；不想做什麼，就跟自己說那不是我想要的，難道你不是這樣？」

「我不是啊，有時我覺得自己不能讓別人失望，不能讓爸媽丟臉，」我說：「雖然我是一直讓大家失望啦，哈哈。不過有時我是故意的，我覺得讓他們多失望幾次，他們就不會一直有期待，就不會一直來煩我。」

「你的心想這樣做，但實際上卻故意那樣做，好像都

是因爲別人，這樣不是很辛苦嗎？」

「是很累啊，所以我才問你嘛！我該怎麼辦才好？」

「我也不知道，不過，」周育琪說：「我覺得還是不必太勉強自己，別人一定有他的期待，但你不一定要滿足或特別去反對那個期待。」

「我眞不知道，大人爲何要管我那麼多。」我說：「不知爲何，我有時就是想反對一下，看著他們氣呼呼的樣子，我覺得自己的不爽，好像也能平衡一點，有時覺得自己好神經啊！」

「你是幼稚啦！」周育琪說：「該怎麼樣讓自己開心，你心裡都是清楚的，就像我的芒果冰，我知道已經夠撐了，如果爲了什麼理由，還繼續硬塞，享受就變成酷刑了吧？」

「所以呢？」

「所以你不要每次都強迫自己把芒果冰吃完啊！你不強迫自己，也沒人能強迫你。」

是啊，多數時候，我好像都是爲了某些不能說的原因，而刻意去做、或不做某些事……我覺得周育琪實在太厲害了：「哈哈，那我下次學你，吃到剛好就好了。」

她送來一個兔子跳出很多愛心的貼圖：「我把我英文歌唱比賽的影片傳給你喔。」

When I am down and, oh my soul, so weary
When troubles come and my heart burdened be
Then, I am still and wait here in the silence
Until You come and sit awhile with me.
……
You raise me up to more than I can be.

當我低落時，我的靈魂感到多麼的疲倦
當困難來臨，我的心再也無法負擔，
然我仍會在此寂靜等待
直到你來，陪我小坐片刻
……
你鼓勵了我，讓我超越了自己

我配著歌詞聽了大約二十次，周育琪高音的地方有點失準，不過聽著聽著，我忽然也很想吃芒果冰了。

第五章

逍遙遊

1

冬天來了，方老師的農園收穫豐富，方老師送我一袋小番茄，還有一大把白菜和蔥，兩條絲瓜，同學看我座位堆滿菜，都叫我菜蟲，什麼嘛，應該叫我菜神才對啊！我把大「傻瓜」的種子偷偷埋在「華葳示範農場」的某個角落，我想世界上只有方老師能照料這個「傻瓜」，只是它會在什麼時候長出什麼樣的瓜來呢？只有天曉得。

我很懷念眼睛深藍色的馬，也不知聰明蟲到哪裡去了？八哥正躲在屋頂上取暖嗎？而魍魎兄又流浪到了何處，沒有主人後，它有更自由嗎？

我像往常一樣安靜，不過老師在每月「寫給家長的信」上說我大有起色，持續進步。我已經很久沒看到莊老師了，輔導老師張進達還是一樣忙進忙出，看到我就露出不安的神色，好像我又要給他找麻煩一樣，其實那是他想太多了，就像周育琪說的，該做什麼，我都知道，只是想不想的問題。

學校這些規定、制度，你覺得它存在，它就存在；覺得它不存在，其實也就不存在，我慢慢覺得，這並不是對錯問題，甚至連好壞都說不上；大多數的時候，只是人和人之間需要有個默契，大家互相給個方便而已，如果世界上只有一個人，這些規範就完全不可能出現了，但沒辦法，我們就是活在人的世界裡，就像誰都不能改變地球的軌道一樣。

2

我們班最近的大事，是聖誕節的表演活動，我不知道學校是怎麼想的，要在段考後一週，聖誕節那天做全校性的才藝表演，每班至少出兩個活動。

班導很認真的說這是華葳的重要傳統，每一班的向心力和同學的才能、品格，都會反映在表演上，當天會有很多貴賓，要我們拿出最好的表現。「段考要準備，表演也

不能漏氣，人生就是這樣，你不能選擇戰場，只能選擇自己的表現。」班導說得正氣凜然，但我覺得他有時做比喻，還眞是有點怪，不就是上台唱歌跳舞演戲加耍寶嗎？跟戰場有什麼關係？

　我們班的兩個活動，女生組由英文小老師劉婷婷帶頭，說要表演「女舞」，她們一下課就激烈的討論要跳什麼，而且還派出密探打聽別班的表演，以免撞舞，聽說有一班要表演 Twice 的〈TT〉，她們哈哈大笑說這是小學生跳的嘛！最後好像決定跳 BLACKPINK 的〈Lovesick

Girls〉，之後她們幾個人，每次下課就戴個耳機，渾然忘我的在教室後面練習舞步。

至於我們男生的部分，就有點難產，班長王侃自己忙著補習，把活動丟給體育股長劉孟孜，但劉孟孜上週開始發燒，整整一星期沒出現，大家就全部忘了這件事，直到班導忽然問起來，全班陷入尷尬的氣氛中。

「大家是不是都把我的話當耳邊風？」他怒氣沖沖的問我們：「明天要交表演節目內容給學校，我們班要開天窗嗎？你們叫我怎麼跟學務處說？」

王侃嚇到補習班的數講都忘了寫：「老師，不然我們表演變魔術好了。」

「你們要變什麼魔術？」我感覺班導怒意上升：「誰要來變？」

「就、就、就劉孟孜，跟、跟、跟胡延德。」王

侃說。
「劉孟孜都請假一週了，胡延德你有要變嗎？」班導問。
「老師我沒有，那是一開始大家隨便想的，但沒眞的要變啦！」胡延德眞的有夠誠實。
「隨便想的？」班導說：「別人給你們方便，你當隨便？現在怎麼辦？還是老師我自己上去跳草裙舞？」
想到班導要去跳草裙舞，這個畫面實在太好笑啦，哈哈，忍不住噗哧一聲笑出來。但情況不妙，全班只有我在

笑。

「袁志鵬，你覺得很好笑是不是？」班導矛頭轉向了我：「你有什麼意見？」

「沒有，我……我是有想到一個活動。」

「什麼活動？」

「我可以上台拉小提琴。」

「喔？」班導臉色忽然柔和了起來：「你要拉什麼？」

「〈莫札特第三號小提琴協奏曲第一樂章〉。」

班導倒抽一口氣：「莫札特？……其他人還有沒有別

的建議？」

我不知道自己是發什麼神經，爲何講出這麼離譜的話，但顯然導師非常滿意：「好，你確定你行我就幫你報出去喔。我們班就確定是劉婷婷組的〈Lovesick Girls〉舞蹈和袁志鵬小提琴，莫札特，是不是？」

我很想反悔，我以爲隨便說一下，導師一定會否決我的提議，畢竟他從沒贊成過我任何事。我看木已成舟，急忙說：「老師，我不行，我有問題啦！」

「你不要跟我說你要反悔，袁志鵬，」班導說：「我

剛剛就感覺你是在耍我。」

「不是，我沒有，我是需要有人伴奏。」我趕緊找個理由，導師怒起來實在有點可怕。

「伴奏？」

「對，要有鋼琴伴奏，」我說：「不然一個人沒辦法演出啊。」

3

「怎麼會是你？」

今天班導要我第八節課帶著樂器到音樂教室，說有一位老師要來幫我伴奏，叫我認眞一點。

自從上個月聽了周育琪的一番話，我想到當年因爲很排斥給那個凶巴巴的老師上課，又不喜歡王子亮處處競

爭，所以就不再學琴。但這幾年來還是很喜歡自己拉一些曲子，〈天空之城〉啊、〈魔女宅急便〉啊等等，網路上隨便找都有譜。我媽好幾次說要幫我找一個老師，我都跟她說要找老師教，我寧可完全不拉琴了。不過上個月起，我覺得何必爲了那些鳥人鳥事，放棄自己的愛好呢？

我媽還眞的幫我找來一位很親切的老師，說是他們經理的女兒的姪子的什麼圈圈叉叉給他教過，現在在美國什麼叉叉圈圈學院喔！

「那又怎樣？」我心想。

但這位蘇老師人是眞的很好，是位有點年紀的大胖子，肚子像塞了一個大皮球，還留了一撮小鬍子，很像柯南裡面那個叫「目暮十三」的警探。粗粗短短的手指頭非常靈活，上課很混，我拉什麼都說非常好，聽我拉一遍，他自己拉一遍，問我哪邊不同？然後就說你調整一下運弓，啊！揣摩揣摩。接著開始講他當年到德國去留學的故事，說他們老師當年來上課都是醉醺醺的，有一次還叫他去幫忙刷油漆，他最愛講：「音樂嘛，就是隨心所欲，直到你忘了自己，忘了一切，啊？」

我小學最後一次拉的曲子，就是〈莫札特第三號小提琴協奏曲第一樂章〉，我也從這邊重新開始，上週一時情急，居然答應班導去表演，蘇老師知道了只說沒問題沒問題，你就照平常練習的拉就好。班上同學忽然開始對我不錯，王侃先是請我吃了福利社的大碗關東煮，我有兩次遲到三分鐘，負責記遲到的胡延德都沒把我登記上去。

「爲什麼不能是我？」

我在音樂教室等半天，推門進來的伴奏老師，居然是莊老師。

「你不是教育局的輔導老師嗎？」我問她：「怎麼會來幫我伴奏？」

「是你們導師求我來幫忙的喔，」莊老師說：「我本來就是音樂老師，是後來多修了輔導的學分，學校才請我兼著當輔導老師，然後調去教育局支援專案。我當年可是得過全國音樂大賽特優獎的。」

「我們導師認識你？」

「爲了你的案子，我和你們導師，還有張進達老師，開過好多次會呢。他其實很關心你的，上週跟我說，你很想參加聖誕表演，但是少一位伴奏，爲了讓你好好表現，特別請我來幫忙。」

「我很想參加？喔，天啊，不是吧，是我們班根本沒人要參加啦！」

「是什麼原因已經不重要了，」莊老師說：「反正，你已經報名了不是嗎？」

「莊老師你眞的相信我們班導？」

「很多事，不是相不相信的問題，是你想用什麼風格來完成它。」莊老師說：「聽說你要表演〈莫札特第三號小提琴協奏曲第一樂章〉？來，讓我看看我們要怎麼表現這個曲子。」

莊老師果然是很厲害的，無論我怎麼拉，她都能很自然的配合，有時我節奏不穩，一下快一下慢，她都裝作沒事，也一下快一下慢的跟著我的拍子，我們練了三遍，快累死了，我說：「莊老師你好厲害喔！」

莊老師說：「我哪裡厲害？」

「我拉這麼爛，你居然都沒生氣、沒罵我。」

「我還以爲你是說我伴奏彈得好厲害，」莊老師說：「反正是你要表演，我只是來幫你，你拉得好拉得壞，我有什麼好生氣的？」

「你彈的當然也很厲害啦！」我說：「你是我認識唯一不會生氣的大人，喔不，還有教我拉琴的蘇律老師，我也沒看他生氣過。」

「哇！你給這麼有名的老師教啊，」莊老師說：「他

以前是音樂學院的名師啊，他有沒有還在講去德國留學刷油漆的事？」

4

半個月過去了，我把我和莊老師練習的影片傳給周育琪看。

我覺得給莊老師伴奏，就好像那個伴奏並不存在，我隨著自己的旋律，一如飛行在陽光和綠樹之間的鳥，光影閃動，忽亮忽暗；而莊老師的琴聲就像翅膀下的風，輕輕將我的音樂托起來。有些時候，她將旋律毫不費力的送往

高處的雲端，在上面迴旋；有時隨著我飛翔，她讓我自己忽然沉落，靈巧的掠過低一些的樹梢，我不知道那是我自己在飛行，還是那一陣風帶著我飛行，待我回神要去尋覓琴聲，卻只剩餘音繚繞，原來已到最後一個音符，樂章化爲一段漫長的沉思。

周育琪說我眞的很厲害，我問她聖誕節要不要來看我表演，她很爽快的答應了。

我們總共六個班，十二場表演，我被排在最後一個，我在想是不是時間到了，我還沒上台的話，就可以不用表演了。我媽問我要不要去做一套黑西裝，喔拜託，我覺得平凡低調，穿學校制服就好吧？

結果那天，我們班導居然穿西裝來，還打了一條大紅領帶，好像他要演出一樣，一直緊張兮兮的問我準備得怎樣？我本來要脫口而出說我完全沒準備，打算上去耍寶；但忽然看到周育琪與她媽媽、姊姊正好進來禮堂，和我媽在那邊聊天，我及時改口說：「老師你放心，我已經準備到最好的狀態了。」

晚會上跳韓團舞的眞的有好幾組，全場尖叫不斷，我在後台想，以後這類活動，乾脆在體育館辦一個自由參加的舞會就好，大家可以盡情亂跳；弄到禮堂來，舞台後面還有國父遺像，感覺眞的有點怪。

我的前一組是隔壁班的變魔術，只是默契有點不足，不是屢屢失敗，就是還沒開始變，就讓人發現他們的破綻了。老實說，他們這組最有趣，全場笑聲最多，充分達到了歡樂聖誕的效果，只是坐在第一排的校長、家長會長、還有一些嘉賓，雖然保持著笑容，但實在有點僵。

「老師你不會緊張吧？」輪到我的表演，等待司儀報幕時，我偷偷問旁邊的莊老師。

「會呀！緊張很正常，」莊老師說：「但我們可以一起享受這種緊張，不也是很好的一種經驗嗎？」我還在回味她的話，就聽到司儀念出我的名字。

站在禮堂的舞台上，平常覺得這裡很小，但現在不知爲何感覺舞台非常大，深吸一口氣，琴弓劃過琴弦，悠揚的樂曲從內心深處緩緩流出，隨著樂章的旋律，緊張的感覺慢慢消失，那風一樣的伴奏飄起，我像練習時那樣飛翔、

迴旋、猶豫、俯衝，我想我慢慢明白蘇老師說的「隨心所欲」，心和世界微妙的融合在一個極小的瞬間，忘了煩惱和擔憂，忘了別人的評價和自己對自己的判斷，昨日的悔恨悄悄和解了，也不去在意未來。

劃下最後一個音符，我感到一種眞正的寧靜。

深深一鞠躬，我聽到全場的掌聲和歡呼。王侃和胡延德他們開始起鬨，在台下一直吹口哨，大喊：「安可！安可！」安可曲？我可沒準備呀！

我回頭看了一下莊老師，她很鄭重的向我點點頭，琴音開始彈出前奏，喔，是〈You raise me up〉，但我們沒練習過這首曲子啊！雖然我在家也自己拉過，我把我的小提琴聲跟周育琪的演唱影片剪接在一起，但這影片我只分享給周育琪看過，難道莊老師能駭進我的雲端硬碟？

但不管了，我隨著伴奏，用心演奏出這首樂曲。

5

寒假過後，新的學期還是一樣上課考試，天氣溼溼冷冷，但校園裡那棵櫻花樹又開滿了粉紅色的花朵。

那天表演結束，我想跟莊老師合照，但她連再見都沒說，就消失在後台，之後再也沒見過她，眞是個奇怪的老師。

午休時，張進達老師找我到輔導室，我想糟糕，是不是這週考卷又都沒簽名加上遲到三次……

「你上學期，」張進達老師說：「是不是有幫那個『溫心專案』填問卷啊？教育局寄來這個說是小禮物要給你。」

他遞給我一個薄薄的牛皮紙袋，我打開一看，是一本筆記本，封面是美麗的湖泊，有匹神駿的馬瀟灑的站在湖邊，打開筆記本，裡面夾著半張數學考卷，九十五分，還寫著我的名字，被摺得皺巴巴的。

「這是什麼東西，」張進達老師說：「教育局做事眞是愈來愈奇怪了。你趕快回教室午休吧！」

我走出輔導室，掏出原子筆，在考卷上寫了：「莊老師，謝謝你。」

將考卷摺成一架紙飛機，向上一拋。

紙飛機在空中轉了美麗的三個8字型，愈飛愈高，消失在雨後蔚藍的天際。

作者的話

如果你可以選一個古人當朋友，一同自助旅行，你會找誰呢？

孔夫子見多識廣，一路上和你說道論理，內容精采，讓你忘了風景和美食；嵇康老是抱著一把琴在哼哼唱唱，你跟他說什麼他都不太理你。李白與蘇東坡很像，每到一處，他們的粉

就蜂擁而上要拍照簽名，你被晾在一邊等半天，最後還要幫他付酒錢扶他回旅館；康熙皇帝是個好人，只是他的行程全部是視察公共建設，而且到哪都要開會到深夜。

我想，若能跟莊子一起旅行，那是最好的。他的品味高，修養好，隨時能講故事解悶，火車誤點、遇上扒手、餐點難吃、飛機座位被取消、大風雪打亂行程，遇到這些讓人跳腳的事，他都淡淡一笑，一屁股坐下來，喝口飲料，安閒自在的跟你說：「從前啊，在齊國有個老人……」最後說：「我們出來旅行，不就是來享受這種意外的嗎？」

莊子本名「周」，活在距今大約兩千三百年前，在那亂世中，他卻保持著開闊自在的人生觀，告訴所有人隨遇而安，不要給自己太多壓力。他喜歡說故事，創造一些奇異的動物和人物。我想，故事的好處就是在你聽的過程中很享受，但聽完了故事，你有什麼想法，那是很自由的，他不會給你一個標準答案，而是給你一個思維空間，他尊重所有自然流露的想法，也輕視所有非如此不可的想法，熱愛生命，卻不慕榮華。

莊子最有名的故事是有條小魚變成了大鵬鳥，巨翅如雲，

一飛萬里；但林間的小雀兒卻覺得沒這個必要，牠在樹林枝枒間的飛飛跳跳，就足以滿足牠對飛行的想像和渴望了。莊子的故事，後來引起好幾位大學問家的爭論，有人說小雀兒受限於自己而無法體會眞正的自由，實屬可悲；有人說大鵬鳥看起來自由，但也一樣是不自由，並沒有比小雀兒更高明；也有人說其實牠們自己開心就好，都很自由……。我想，莊子若聽到他們的爭論，可能又要再說一個故事，來化解、開導他們，故事而已，無須再爭辯下去了吧？

莊子的著作不多，但我認爲他眞正想探討的是「自由」這

個主題，或許自由不是沒有規範或約束，而是人的心，能優游於其中，超越於其上。也許，那是一種精神上的開闊，明白一切事理後所形成的對應方法，莊子並不期待人間所有的成規一夕之間完全消滅，他只希望每個心靈，能眞正理解自我的內心追求，找到適應現實的最好方法。

我們的青少年朋友，在學校的生活是苦悶多一些，還是快樂多一些呢？自己對自己有所期許，但會不會擔心無法達成，或徬徨於父母師長的不同意見？學校的學業、考試、規範，會不會使你感受競爭的壓力，讓你在被比較的過程中受傷？而有

時，你充滿創意的想法，是否曾遭人誤解或否定，讓你滿懷委屈無處可訴？這些是年輕時經常困擾我的問題，隨著年齡增長、環境改變，許多煩惱慢慢不藥自癒，但我很希望，能夠透過文字，爲所有的朋友帶來一些安慰。

成長是一件很艱難的事，從不知不覺的天眞，到一次一次的傷害後，才明白了他人心中的勢利苛薄，以及這個世界的殘酷無情，這些傷害沉澱在我們心靈深處，成爲無法處理的陰影。但也許透過莊子小故事中的一些思考，能讓我們體會世界在陰暗之外，仍有明媚的陽光，我們恰好站在陰影和陽光中，我

們的心可以決定要往哪一邊挪動半步，也許只是一個瞬間的念頭，卻能帶來很大的轉變。

《怪咖老師的神祕時間》化用了好幾個莊子寓言，在資訊與科技發達的當代，莊子還是能給我們許多指引；我希望能透過莊子「消解對立」的思考，化解我們心中長久建立的是非、善惡、美醜、高低、好壞……等既定執念，轉用一種欣賞、理解、同情和陪伴的態度來消化人際之間的衝突與扞格，進而達到讓自己和周圍的人都能同處於「逍遙」，也就是不必再急著證明自己、不必再因爲達不到預先設定的目標而自我懲罰，也

不必心懷怨懟來要求別人，而是好好活著，享有每一個當下，天地自在，人心寬容。

莊子也有煩惱的時候，他夢見自己變成快樂的蝴蝶，但夢醒後憮然不已，甚至難以分辨哪一個情境才是眞實的自我。很多時候，我也有這種感覺，也許將這些天馬行空的故事串連起來，放到當代情境是一個奇異的嘗試，寫作時我覺得自己就活在故事中。現在，故事寫完了，我回到現實，也帶著一點悵然若失，就像歷經一次神祕的飛行。

我深信莊子是一位偉大的思想家，也是不朽的藝術家，我

能徘徊於他的思想邊緣，將他的故事繼續傳說下去，是人生非常幸福且備感榮耀的事。但願我們的生命旅程，有莊子的精神相伴，無論在人生得意或挫折時，都聽他說起故事：「從前從前，有條非常小的魚，形體卻非常大……」

怪咖老師的神祕時間

文｜徐國能
圖｜葉長青
美術設計｜劉蔚君
校　　對｜潘貞仁

叢書主編｜周彥彤
副總編輯｜陳逸華
總 編 輯｜涂豐恩
總 經 理｜陳芝宇
社　　長｜羅國俊
發 行 人｜林載爵

聯經出版事業股份有限公司
地　　址｜新北市汐止區大同路一段 369 號 1 樓
電　　話｜(02)86925588 轉 5312
聯經網址｜www.linkingbooks.com.tw
電子信箱｜linking@udngroup.com
印　　刷｜文聯彩色製版印刷公司印製

初　　版｜2022 年 9 月初版・2024 年 7 月初版第五刷
定　　價｜350 元
書　　號｜1100747
I S B N｜978-957-08-6488-5

行政院新聞局出版事業登記證局版臺業字第 0130 號

國家圖書館出版品預行編目資料

怪咖老師的神祕時間 / 徐國能著 ; 葉長青繪 .
-- 初版 . -- 新北市 : 聯經出版事業股份有限公
司 , 2022.09
200 面 ; 14.8X21 公分
ISBN 978-957-08-6488-5(平裝)
[2024 年 7 月初版第五刷]

1.CST: (周) 莊周 2.CST: 學術思想 3.CST: 生命
教育 4.CST: 通俗作品

121.33 111011961